ediciones carena

JOAN BOSCH I PLANAS

VERSOS PARA
AMÉRICA LATINA

Primera edición: abril de 2024

© Joan Bosch i Planas, 2024
© Joan Solé Bordes, del pròleg
© Ediciones Carena, 2024

Ediciones Carena
c/Alpens, 31-33
08014 Barcelona
T. 934 310 283
info@edicionescarena.com
WWW.EDICIONESCARENA.COM

Diseño de la cubierta: Joan y Alba Bosch i Coila,
diseñadora Ivette Guedella Reyes

Corrección: José Membrive

Depósito legal B 7435-2024

ISBN 978-84-19890-65-8

Impreso en España - Printed in Spain

A ti, América,
a ti por dictarme estos versos.

Preludio

Uno a veces se pregunta cómo puede incidir de modo tan decisivo el paisaje en el sentimiento, el entorno en las sensaciones más íntimas. Y sin embargo sucede, se conjuran los vientos y la lluvia, las montañas y los mares y aquellos que apenas formamos parte del viejo continente -tan anciano y tan maltratado-, los que sobrevivimos bajo capas y estratos superpuestos de cultura e historia, parece que a menudo no sepamos mirar alrededor, acaso como el árbol que -usurpador de tantos días de trabajo en los viejos anhelos de siempre- nos impide ver el bosque.

El autor de los poemas que aquí se acogen ha sabido ir más allá de las ansiedades primarias del día a día y contemplar el bosque en su inmensidad, aunque el verbo nos hable de sentir el regocijo de la geografía del continente americano en toda su extensión, en su infinita capacidad para soliviantar tantos antiguos pósitos de historia y cultura que nos impiden gozar de la realidad en toda su extensión. Ese goce del entorno es, en palabras de Joan Bosch, el sentido último del pensamiento más personal, de la chispa recóndita -amor y amante- de la que todo prende, versos a un tiempo universales en el espacio e íntimos en el sentimiento, pero que inciden también en el propio autor que, en un diálogo franco, sabe reconocer como aquel elemento popular -virgen o figura, sacro o profano- deja huella en su alma.

En los versos más cifrados de notas amorosas parecen percibirse lejanos ecos del primer Neruda, quien sabe si impulsos, brisas apenas, de aquellos viejos y tan nuevos cuartetos y tercetos de Sor Juana Inés de la Cruz que le bastan al lector para preguntarse si el ámbito del soneto -tan pleno, tan completo, redondo al cerrar en forma y contenido el último verso- no resulta infinito cual olas del mar, tan vivaz ahora de la pluma de Joan Bosch como hace más de tres siglos de la mano de la religiosa y poeta, o de cuando los introdujo por primera vez Juan Boscán en la escena castellana y los elevó a altas cumbres el mismísimo Garcilaso. En estas páginas imágenes, comparaciones y metáforas, se alternan en algunos casos o se complementan en otros para dar forma incluso a personificaciones que desde el conocimiento histórico conducen a la comunión espiritual. En ocasiones es el paisaje el que hace a la persona, en otras, como en el caso de Frida, es tal su incidencia que el poeta descubre que resulta ser el espacio vital de residencia de la pintora el que ha configurado el entorno.

Sorprendidos de las páginas que siguen nos tiene su autor -narrador, prosista y estudioso de la cultura popular- cuando consiente en dar a la luz versos que suponemos de su ámbito más íntimo. Compartirlos no es tarea fácil ni ocasional, tampoco situarlos en diversos espacios de la geografía de la América latina, como no lo es el empaque que en algunos le proporcionan las referencias a los parámetros de las tradiciones populares. Interrogantes sin respuesta y vocablos de origen autóctono -populares para unos, ignotos para otros- que aportan un tono verídico aún mayor a las sensaciones de un escenario que el autor conoce de primera mano y recorre con constancia y voluntad cultural desde hace ya bastantes años.

Tonos infantiles o cantos a una realidad acaso imposible de cambiar, hay en los versos de estas páginas ecos de certezas tan diversas como ricas en su paisaje humano y geográfico. ¿Cuántas horas de intensidad no habrán valido para lograr ajustar a palabras aquello que el sentimiento sabe a fondo? ¿De dónde sale esa cadencia que convoya las palabras? Hay que suponerle heredero de las notas musicales y los ritmos populares, ricos y próximos al autor, casi ignorados para muchos de nosotros, de ahí que estos poemas nos propongan igualmente la consciencia de esa otra realidad tan poco conocida, la que quisiéramos cercana para poder decir, como Bosch, que nos tiene cautivos.

Joan Solé Bordes
Profesor de Filología Románica

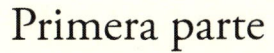

Primera parte

Te cuento...
(A la censura)

Te cuento que hoy recibí un poema,
no era para mí, ni para nadie
a no ser que lo intercambie
por otro lamento, por otra pena.

Sin título, ni tan solo un lema,
anónimo por si la barbarie
le predice un mal y no esquive
lo que consigo trae cada fonema.

Son palabras, sólidos versos
firmes, sin provocar donaire
evadiéndose de la espesa zarza,

ni sumisos, ni conversos,
son de quien los envía al aire,
libres, es su alma quien los ensalza.

América

Siempre enigmática y verdadera,
tus valores ocultos en las profundidades,
ya se cuidó la vida de guardar tus intimidades
porque hasta tus adentros no llega cualquiera.

Solo amándote se encuentra la manera
de abrazarte y percibir tus malestares,
tus gritos. Al abrir la piel afloran calamidades
que originó tu historia, manoseando la tierra.

Te formaste de norte a sur del planeta
para que todo el mundo topase contigo
al querer pasar de este a oeste y viceversa.

Sedujiste cientos de culturas sin veleta
y ahí han muerto, ahí permanecen a tu abrigo,
santuario y hechizo de tanta gente diversa.

Sta. Cruz de la Sierra

Las horas en Veinticuatro de Septiembre
transcurrían entre la querencia y el sueño,
multitud de aves airosas con su desempeño
acompañaban las soledades, casi siempre.

Tocaron cuecas y las bailaste con más gente
agitando el pañuelo entre aquel ambiente cruceño.
Regresé cada día, ansioso, extraviado, como sin dueño
por si te dejabas ver de nuevo. Fui consciente

de que tus movimientos permanecían allí
resguardados por todo el espacio del Casco Viejo.
Fue por esa intensa influencia que te sentí

y por la energía emitida por las montañas. Concluí
que formas parte de aquel lugar arbóreo, floral y complejo
porque lo que vi fue la bella imagen de la herencia guaraní.

La cabellera blanca
(A Chile)

Invoco tu cabellera blanca
suelta, ondulada, libre,
cordillera andina de Chile
cuando tu base tiembla y arranca.

Suspiro cuando en tus manos se estanca
la sangre de mi herida y sigue
camino la vida y me olvide
del temblor y del fuego, y nazca

de nuevo la pasión por el nevado.
Volcán blanco de belleza y rojo
de tierra adentro para que se escuche,

como en el abrazo a tu cuerpo sembrado
de amor, el grito de entrega y acojo
de tu cabellera blanca y de tu piel mapuche.

Colombia

Dame la mano orquídea mágica,
quítame de lo que peno,
a mí no, me no, me no
me alejen de mi tierra única.

Sierra de paz, parranda y heroica
si he de marchar me condeno,
a mí no, me no, me no
me separen de mi tierra épica.

Le bailo una guabina
a sumercé lluvia y trueno
al sereno pa'que no se diga

y con sombrero y con ruana.
A mí no, me no, me no
me aparten de la vida.

La guerrillera

Te conocí en la selva, escondida
en una covacha buscando refugio,
bajo la lluvia y como subterfugio
me dijiste que andabas perdida.

Noche de luna insubordinada,
nos meció hasta el final del diluvio,
libres de cualquier naufragio
con abrazos que el tiempo acuciaba.

Daba lo mismo con que bandera
luchabas si, salvos de mal presagio
nos descubrimos en aquella madriguera.

Calor costero prendido de Magdalena[1],
fuego y pasión compartidos por sufragio,
así fueron los amores con la guerrillera.

---

1. Departamento de Magdalena, cuya capital es Santa Marta, situado
en el noroeste de Colombia, con costa en el mar Caribe y la gran Sierra
Nevada de Santa Marta.

Cuba

Me pasearé por ti
con mis pies en los adoquines,
tras la sombra de tus perfiles
como siempre presentí.

Caminaré en ti
como siboney en zona de reptiles;
poderes cobardes de vodeviles
pernoctan en mí.

Tierra, mundo, aire mío,
puertas y un sinfín de llaves,
embobados centinelas.

Envoltura de un desafío;
navego junto a las aves
desplegadas todas las velas.

Envueltos...
(Al Capitolio cubano)

Envueltos en columnas blancas,
poderosos de mentira ingrata,
de sillón dorado y cúpula dorada,
braman a banderas esclavas.

Escalinatas para un pueblo vanas
no son de templo de india habana,
viste como todo se le agrava
si solo queda yuca y guayaba.

Parques y jardines, pasto verde,
patios para camaradas invisibles,
cárcel de agua, cárcel de viento.

Riqueza y revolución no prende,
no hay libertades disponibles
para carros y caballos a destiempo.

Nueva Guatemala de la Asunción

Entre zonas, calles y avenidas,
laberinto urbano y esencial de la ciudad,
me llevas contigo en el aire, en una realidad
difusa con reinas mayas recluidas.

Otras zonas y calzadas blancas, rendidas
a los bosques y a las selvas, sin voluntad
se han perpetuado en una inevitable intimidad
donde los dioses acaecieron reos suicidas.

Parque Central, salón social,
domingos de telas, mantas y cortes.
Ya no queremos más dictadores.

Templos y palacios de Tikal,
decisivo el legado y vuestros aportes.
Ya no queremos más zopilotes.

Atitlán

El paisaje de Sololá se mira distinto ante mis ojos,
se adivina la razón y, ciertamente, el lugar
arranca los sentimientos que quiero involucrar
en estos humildes catorce versos ambiciosos.

Se vislumbran primero los volcanes, orgullosos
y egocéntricos, con el San Pedro bipolar
revelado en el agua del lago al que pretende arropar.
Atitlán preside la belleza percibida por no tan pocos

espectadores. A ras de azul, a ras de cielo,
Atitlán se hospeda apacible en las alturas.
Indudablemente, la visión es subliminal y exultante.

Atitlán, antesala del paraíso y modelo
de vida, de fauna y flora y aguas puras,
quédate conmigo, me entrego como tu fiel amante.

Haití

Bajo el suelo corren las venas
de una tierra que no fue suya.
¿La maltratará quien construya,
a ras de suelo, otras fronteras?

Pueblos de África sin cadenas
y sin patrón que las sustituya,
nueva libertad para que confluya
con quienes plantan hoy sus huellas.

Colectivos de piel de fríjol quemado
de existencias vulnerables,
de herencias inéditas y únicas.

Trayecto del viento y del tornado,
de tormentas y de huracanes,
origen de rebeldías telúricas.

Honduras

No hay ningún buen huracán
que no tenga ahí un apeadero,
ni ningún güevudo pendenciero
que no sea marero o guachimán.

De Tegus a la Ceiba y Roatán
con mi guarizama y mi cuero.
garífuna de fruta y marinero
sonrió por adivinarme chabacán.

Dense prisa mis jolotes
pues ando bien enculado
por el camino de los cuculmeques.

Asaditos están ya los elotes
así que no falte el guaro,
natachita de los panqueques[2].

---

2. Hondureñismos: marero = pandillero; guachimán = guardia de se-
guridad; guarizama = machete; cuero = muchacha bonita; chabacán =
poco serio, bromista; jolote = pavo; enculado = enamorado; natachita
= doméstica.

México (1)

— ¡Que vivan los colores!
— ¡Que vivan!

Ahí, donde la vida no vale nada,
se exalta la vida revolucionada.
Así promulgan los borrachones.

— ¡Que vivan las flores!
— ¡Que vivan!

Ahí, donde la muerte se adora
se llora al muerto a toda hora
entre cantos y acordeones.

Indígenas, tribus, poetas y narcotraficantes;
chilangos y güeritas cantan a coro
canciones tristes cardencheras.

Pistolas calientes de narco-comerciantes
gritan «amor» sin saber a quien y a todo.

— ¡Que vivan las rancheras!
— ¡Que vivan!

Oaxaca

Tú eres mi paraíso prometido
tierra mixteca, caliente y mítica,
tus rincones germinan música
y danza Puerto Escondido.

En el aire, el mole nunca interrumpido
alimenta el alma en Costa Chica,
Monte Albán aún dormida y pacífica
estimula el sentimiento sostenido.

Labios rojos, flores y jarabes,
vístete bonito chaparrita,
está listo el chocolate.

Por el camino de catedrales
con el pulque en lugar de agüita,
mejor se mueve el cuate.

Teotihuacan

De la cima abrasada de la pirámide del Sol
brotaba el principio, el punto de partida
de lo que tenía que acontecer, retenida
mi alma con la visión del emplumado caracol

del Templo. Quetzalcóatl, recibía como un crisol
el fuego que bajo mis pies rebosaba
y erupcionaba como energía comprimida
desde la base o quizá de más allá, sin control.

La pirámide de la Luna, firme y absorta,
testimonio perenne de mi renovación,
presidió decisiones y grandes momentos.

Mi regeneración espiritual me transporta
a grandes mundos perdidos, con convicción
y soledad por la Calzada de los Muertos.

Coyoacán
(A la Casa Museo Frida Kahlo)

Tenías que ser azul como el cielo
y el agua de tus fuentes que lo refleja
porque hay poco azul en la naturaleza.
¿Fue de los arándanos o del maíz que muelo?

¿Fue quizá el intenso azul de metileno
el que inspiró a Frida el azul que festeja,
el ambiente bohemio y libre que te corteja,
aunque nadie lo ha tomado como modelo?

También es azul la flor del gallito
que por silvestre goza de ser libre
y tiene tu mismo azul, puro, bonito.

Casa, templo, espacio infinito,
veo sus manos en el jardín que vive.
Discúlpame estas preguntas-poema circunscrito.

La Catrina

Pienso en la Catrina constantemente.
A veces incluso creo verla por los arrabales.
Y es que todas las calaveras son iguales,
y apresurado, es fácil confundirla de repente.

Ay, Catrina, que de colores te tengo en mente,
apártame bien lejos los pinches males,
yo te visto de domingo porque lo vales
y con sombrero para estar de hueso presente.

Pasó la revolución y el combate,
y si a ti te late celebración y fiesta,
yo quiero jugar con versos y escribir.

A mí no hay quien me vista, no hay debate,
tú siempre andarás dispuesta
porque sabes que nunca vas a morir.

La muerte

Te escribo hoy estos versos,
hoy que todavía puedo,
antes de que sea enredo
tenerlos en la mente dispersos.

No pretenden ser perversos
como dije, solo consuelo
el usar los que no me quedo
pues tampoco son adversos.

Mejor llevarse bien contigo
y aunque no tan como amigos,
es cierto que somos conocidos,

si te veo, te saludo y prosigo
y por ahora estamos servidos,
me acojo a la vida de los olvidos.

Malintzin

Era la tierra de Veracruz la que pisó primero
Malintzin, noble y esclava, y regalada después
a unos hombres liderados por un tal Cortés.
Legado legendario y mito traicionero,

no hubo causas para dirimir por entero
a quien salva a su pueblo de un gran revés
y con diplomacia, don de lenguas e interés,
acaba con otro haciéndolo prisionero.

Túnicas blancas, lluvia de flores.
Malinche, para los que te ofrecieron,
Doña Marina para los que te aceptaron.

Varias formas de amar, distintos colores,
por hermosa y sutil te adoraron
y sigues ahí porque nunca te perdieron.

La Morenita
(A la Virgen de Guadalupe)

No se trataba de inquietar a Juan Diego,
apareciste, ni tan blanca, ni tan morena
como la pureza del pastor y de la tierra buena
y a media altura, en la cima de un cerro.

El Templo que pediste, causa del apego
de gentes que más van que vienen de ver la tela
donde impresa dejaste tu imagen, aserena
el alma de miles de fieles en su trasiego.

Eres, Guadalupe, el núcleo espiritual
de un mundo extendido que te ruega,
que te venera, que fascinas y que te canta.

Guadalupana, mexicana celestial,
lejos de ti se siente como una condena
no escuchar tu música que me levanta.

Cumpleaños
(A la Lic. Maura Medrano)

No era la más querida de las hermanas,
aunque sola quedó cuidando a sus progenitores,
unas marcharon con sus respectivos ruiseñores,
la menor lo sigue buscando en las madrugadas.

Si bien las ausentes se sentían muy mexicanas
no visitaban a La Candelaria ni a los familiares,
en las fiestas, solo un día era para los padres,
coincidía con el cumpleaños de la chamaca.

Aceptaba regalos, flores para el pelo y aretes,
vestidos bonitos que solamente se pondría
para salir hasta la farmacia o el colmado.

Y la halagaban, y la festejaban con pasteles,
cada año con una velita más. Sabía que un día
irían a buscarla y marcharía, como buen soldado.

Azul

Días hermosos los vividos aquí y en México,
en playas, en ranchos, entre flores y alamedas,
con la fuerza de nuestras manos oprimidas,
evidencia de pasión en el íntimo espacio dérmico.

En las dos atmósferas donde siempre me ubico,
conmigo llevo la prenda donde siempre te quedas,
donde siempre estás para mis sentidos y mis añadas,
paliacate[3] azul, origen de tu cuerpo, perfume étnico.

Desde entonces se nos coloreó nuestro submundo,
eran azules los sueños, los deseos y los infiernos,
de azul se escribían sutiles palabras remitidas.

Azules los monstruos de nuestro pasado vagabundo
y los de ahora sin distancia en nuestros acercamientos.
De azul la percepción mutua de amor en las retinas.

---

3. Mexicanismos: paliacate = pañuelo.

Nuestra Señora de la Asunción de Panamá

Abandonaste el continente
para convertirte en ombligo,
generosa selva y paraíso
que bendices el paso por tu vientre.

Tierra buena entre azul celeste
deja que el sol me ilumine contigo,
en el valle de La Luna veo y digo
que me extravío porque me consiente.

Para que jueguen todos a Las Escondidas.
negros, indios y criollos blancos,
te partiste por la mitad.

Cientos de historias perdidas
de antiguos pueblos y cacicazgos.
Istmo solidario, divinidad.

Panamá
(Al Casco Viejo)

Entre el mar y el cielo, en los arrecifes
el tesoro de los piratas, el coraje colonial.
Tristes encuentros con el fuego, con el mal,
saqueos y pasiones en los lejanos días grises.

Y aún más fuego y ruinas por donde pises,
la restructuración fue otro inicio moral:
torres y baluartes se alzaron de forma global
creándose la bella mixtura con la que convives.

Calles empedradas, fachadas renegridas
y opuestas a otras presencias nuevas,
de blanco purificadas, seducen los sentidos.

Paisaje y casas indianas restablecidas,
contraste bitonal con epidermis morenas,
tentaciones para los corazones enardecidos.

La polca paraguaya

Ternura de paloma blanca
lleva la polca en su melodía.
Si a alguien enamoro un día,
abro el corazón si me canta.

En guaraní se canta y se danza,
se refrescan con ritmo y armonía
los versos, la melancolía,
con todo el amor que se alcanza.

Polca querida, amada,
me cautivaste el alma
con los ojos, con tu encanto.

Dulzura de guayaba,
acordeón, arpa, guitarra…
con la mirada, con el canto.

Perú

Cielo gris, mar a juego y revuelto,
no como el río, más discreto que antes,
nacido cristalino en las alturas de los Andes,
habla ahora en silencio de su mañana incierto.

El sol no acostumbra a ser absuelto
de sus envolturas grises desesperantes,
será por eso que las almas van errantes
a la búsqueda de su apu encubierto.

El océano me grita y me subyuga,
en el altiplano el soroche el que me lleva,
el que alimenta mi espíritu. Me vislumbra.

En las cumbres, aunque la nieve sustituya
a picos y rocas del cóndor que me eleva,
siempre será el sol quien ahuyente mi penumbra.

Cusco

Cusco, ¿de quién eres?, ¿de quién dependes?
¿Perteneces a las montañas?
¿Emergiste de las entrañas
de la pachamama y la consientes?

Del Tullumayo son las vertientes
que te cruzan, que acompañas
por lugares de antiguas hazañas,
por acueductos hasta las fuentes.

El sol iluminó tu frente
así como a todo el valle,
por ser espíritu puro, fuerte.

Apus, poder omnipresente,
dadme una señal, un detalle
para mantener el corazón sonriente.

Los Andes

Cordillera de los Andes,
morada espiritual de los dioses,
resonancia natural de sus voces
en todo el espacio por el que te expandes.

Muralla circunstancial de pueblos grandes,
entre el océano y tierras atroces,
las que, aunque intensas y precoces,
serán fértiles más adentro cuando las mandes.

Huacas y altares
alejad con vuestra esencia
los males de la pachamama.

Montañas y volcanes,
agradecimiento e inocencia,
y chicha para endurecer el alma.

Y ahora la noche…

Y ahora la noche se acerca de nuevo.
¿Por qué ha de ser tan larga la noche?
¿Quién te espera vestida de lujo y con broche?
Y te despides con un beso sin relevo.

Regresas con el día sin trusa y me sublevo
¿Por qué no soy quien tu camisa desabroche
y te evitas llegar, cansada y con roche?
Te observo mientras duermes. Ni me muevo.

Adoro el sol, la luz, las mañanas,
los paseos por la playa, las caminatas
por las veredas que das conmigo,

la felicidad de las comidas bacanas,
mirarte a los ojos, amarte con ganas,
como si no fuera un sueño lo que te digo[4].

---

4. Peruanismos: trusa = braga; roche = turbación por una acción des-
honrosa.

Quisqueya

Déjame las noches para vivirlas en mi tierra
a cambio de los días para compartirlos íntegramente,
dos querencias, de identidad y de amor consciente,
déjame la lluvia, déjame el cielo que me aquieta.

De ti llega la luz que me restablece y me alienta
a encontrar el espíritu de Anacahona necesariamente,
atracción y provocación, poder y fortaleza referente,
de ella es la leyenda, del pueblo la palabra cierta.

Guíame a conocer la comunidad,
a descubrir su arte, la cultura aborigen,
la belleza y su sentir en todas las formas,

sus valores mantienen activa la paridad,
tú, el complemento. El bosque, el origen,
las brisas, el aire… Me transformas[5].

---

5. Poema traducido del original en lengua catalana.

Rep. Dominicana (1)

Suficiente con media isla para encontrarte,
a pesar del paisaje y el deslumbramiento
no cedí ni un suspiro, ni un momento,
no había tiempo, tenía que abrazarte.

Desde el malecón querías adueñarte
de los atardeceres sin impedimento,
de la luna de cada noche de tu aposento,
amor eterno en la avenida Duarte.

Suenan atabales en la lejanía.
Los palos alimentan el alma.
Ella cerró los ojos. Los oprimía.

Movió su cuerpo suavemente, fluía
buscándome con las manos, con calma.
La llené de tantos besos… Gemía.

Sto. Domingo de Guzmán
(A la Zona Colonial)

Pasé esta noche
mis manos por tus rodillas.
Acaricié mientras dormías
tu cosmografía sin ningún reproche,

nada lo impedía, era un derroche.
En el alboreo, aún cerradas tus pupilas,
entraba por sorpresa a escondidas
un chin de luz desde el mirador del porche.

Besé todo lo que mis dedos mimaban.
De tu piel infinita clamaban
tu frente, tu nariz, tus labios, tu boca…

Todo para ser palpado. Despabilaban
del sutil sueño al que renunciaban
para vivirlo cada vez que la mente lo evoca.

Rep. Dominicana (2)
(Al municipio de San Cristóbal)

El beso que no te di y quise darte
me lo llevé conmigo en mi partida,
se quedó en mí como amuleto de vida
hasta el regreso para poder encontrarte.

Y ya no hubo regresos por ninguna parte,
ni caminos ni senderos para otra bienvenida,
es por eso que mi boca la siento ardida[6]
por quererte en la lejanía y de lejos no poder amarte.

Tierra morena, como casi todas tus manos,
de tantos besos en los cafetales de la montaña,
de tantos otros dejados en la playa, traídos del mar.

Isla misteriosa, como casi todos tus lagos
y tus cuevas y tus lagunas, por todo se te extraña
y aún más, por todos los besos que no te he podido dar.

---

6. Dominicanismos: ardida = ofendida.

La bachata

El hombre aparece con la mujer de la mano
y situándose uno frente al otro se miran y esperan.
Los presentes adivinan su actitud y los rodean
ya se escucha el canto popular dominicano.

El cuerpo de la mujer oscila con el ritmo bacano
que emiten los altavoces. Sus pies se deslizan
sublimes. Sus manos y sus caderas evolucionan
guiadas por el hombre que la acompaña, ufano.

En el centro del coro la pareja goza dispuesta
e inmersa en una música y una coreografía
que les brota del alma y que les es innata.

La sensualidad de los bailarines se manifiesta
en sus piernas, en sus brazos, en una pura orgía
de bandeos. El milagro de la bachata.

Sta. Bárbara de Samaná (Onanismo)

Quiero vivir para renacer contigo,
deseo jugar a perderme en ti,
determino regresar a donde no fui
por no soportar encontrarme conmigo.

A veces un solo beso es un respiro.
De un abrazo que de la nada desprendí
llegaron colores que no escogí
y el volumen de unos senos me dio abrigo.

Para un arranque tan triste
son demasiado puras las sábanas,
sin novias, sin mañanas… viste.

La noche transformada existe
en los aullidos para lunas ignoradas
y que callaron cuando tú viniste.

El hotel

(A la memoria del Hotel Constitución
de San Cristóbal, Rep. Dominicana)

No puedo evitar sentir vacío y tristeza,
por la demolición de nuestro hotel,
carencia de sentimientos desgarró su piel
y mecánicos brazos articulares su nobleza

Si por manos malvadas de grandeza
fue construido, redimido y fiel
ha permanecido, a expensas del coronel
el espacio del portal recobró su pureza.

Fue precisamente en el lugar aquel,
eximido y liberado de todo mal,
donde nuestro beso quedó apadrinado,

beso de amor que nunca entró en el hotel
que se quedó proyectado en el soportal
y que quedó en el alma perpetuado.

Uruguay

Resucitada Colonia de piedras ensangrentadas,
tesoro del Plata, puerta de las llanuras.
¡Qué más da si guaranís o charrúas
defendieron herencias nunca jamás olvidadas!

Los febreros despiertan con Llamadas,
retumban en los cerros de modestas alturas
voces de candombe, negras y oscuras,
gimen por el sur, por las calles empedradas.

Murgas, comparsas, carnavales,
bailes y malambos con boleadoras.
Y corsos, desfiles ancestrales.

Enérgicas, festivas e infinitas horas,
lúbolas, empáticas identidades,
libertad y espiritualidad conciliadoras.

Venezuela

Por no ser tierra de paso
te canto precisamente,
te escribo lo que germina mi mente
desde dentro te lo traspaso.

¿No configuran las fuentes negras acaso
la cabellera de la chama ausente?
¿Y los llanos y las mesetas, el cauce y la corriente,
los pliegues y las huellas del abrazo?

Me absorbe la tierra verde, el desierto,
los saltos blancos y el ritmo de tambores,
por todo eso te canto, es cierto.

Tierra de Gracia, cantaron otros en los albores,
los mismos que después murieron en el puerto,
desamparados, sin promesas y sin amores.

La danza
(A las danzas tradicionales)

Estremecer con las manos, con los brazos, con el baile,
darle sentido al movimiento, al cuerpo, a la vida.
Escuchar con el corazón y el alma atendida
paseos, saltos, cabriolas, piruetas en el aire.

Abanicos, telas de colores, ritmos que nadie
lanza mientras se danza el Mapalé y la Guabina.
Percibo la cumbia y Flor de Piña, piel encendida
y pies descalzos en la tierra mía pa'que no agravie.

Y se danza con donaire el joropo y el vallenato
y el San Juanito y la marinera. Ya se cuida el viento
de regalar tonadas y música por dondequiera

porque el folclore popular trae consigo el relato
de combinación, identidad y sentimiento,
para ofrendar a esa tierra rica pa'que no muera.

La carta

Amor mío, ayer me llegó tu carta,
sí, la última carta que me escribiste.
Quisiste saber si a pesar del embiste
de las aguas y el viento que embarca

a cada rato, tu misiva llegaba compacta
a mis manos. Tú así lo predispusiste,
demoró doce años, pero acertaste
la tengo conmigo y nada me la aparta.

Sin pensar en el día que la enviaste,
mientras la esperaba, yo seguía contigo,
soñaba y sentía tus besos en mí.

Hoy supe que fue tu día más triste,
partiste sin mí y hasta hoy he vivido
doce años de amor sin tenerme en ti.

El tiempo

El tiempo no lo quiero conmigo
porque siempre se me lleva el presente,
por mucho que intente ser prudente
se lleva lo que tengo y ya no lo consigo.

En tus ojos me veo siempre contigo
y del tiempo no quiero vivir pendiente
de perder ese reflejo por si pasa, inocente,
y se lo lleva al pasado y al olvido.

¡Qué pronto nos hicimos viejos
con tantos presentes fugados
pues el tiempo arrastró lo vivido!

Hubo en nosotros tantos reflejos
que nos quedaron los ojos amados
y el tiempo se marchó rendido.

La distancia

La distancia, ni la pretendo, ni me sirve
si no es para extender el desaliento,
no deseo pena ni desconsuelo
ni lejanía que me quiera imperceptible.

El amor que yo siento se trae, se concibe,
se percibe con total sentimiento,
lo lleva el alma en ofrecimiento
puro, natural, desde el espacio invisible.

En ese cosmos donde todo es simple
porque todo es la nada existente
y lo absoluto está en ti,

distancia o separación no es posible,
el deseo de amarte íntegramente
es el todo que hay en mí.

¿Por qué, amor, …?

¿Por qué, amor, desde que existes se palpa el vacío?
Si tú me completaste, si tú me hiciste,
¿Por qué a veces me falta el aire que me diste?
Imperfecto, desguarnecido y en el extravío

me conducía la vida en su paisaje sombrío
entre los arenales de la imperturbable tierra triste.
Y llegaste tú y lo llenaste todo, te estableciste
en mi submundo hasta matar con una mano el frío.

Absorbiste la oscuridad, el hielo y el anhelo,
me devolviste sin cambio el tiempo perdido
y todas las voluntades rechazadas y reprimidas.

Y a tu lugar de partida regresaste al vuelo,
y lo que con amor trajiste se fue contigo
y quedó todo desvanecido y abiertas las heridas.

Les digo…

Les digo a mis amigos
que estoy en construcción.
Que una nueva proyección
dejó lejos tiempos amargos.

Barrido para fuertes pasos,
un camino bendecido con el son
cadencioso de un malecón,
me lleva a futuros apasionados.

Se erigen firmes y libres
y altos, como los sueños
y profundos como el magma.

El amor que en ellos se levanta
abduce vibrante los sentidos
y crea existencias indivisibles.

La luna

Para esta noche que la luna no vendrá
escribí este poema, aunque sé que la extrañas,
verte, coger tu mano y saber que me acompañas
a ver el cielo que ella siempre amará.

¡Cuántos recuerdos afloran y cuántos habrá
con la luna de testigo! Se deja ver cuando la sueñas,
y yo la he visto aparecer cuando te bañas.
Cómplice nocturna y, a veces, hasta asomar el alba.

No me conociste viejo como ahora
y ella tuvo siempre la misma luz.
Si antes era yo quien corría a buscarte,

hoy soy el que se pierde a cada hora.
Es por eso que te canto, por tu gratitud
por ser la luna que siempre viene a buscarme.

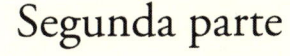

Segunda parte

Guatemala

Mira, amor,
como estoy de absorto,
de extraño, de roto.
Casi no tengo valor
para describirte lo que he visto.
Hoy no es un día triste,
simplemente es un día añadido,
sería como decir… inserido, entre
el de ayer y el de mañana.
En realidad, días así
no tendrían que existir.
De hecho, ahora que lo pienso,
no se si existen días
allá donde he estado,
allá de donde vengo.
Si te lo cuento,
mientras te lo cuento,
un grupo de chiquillos se pelean
para roer y
desmigajar un mango
que un turista tiró
a un montón de escombros.
Lo que te cuente
no será ni el esbozo
de lo que he sentido
cuando las criaturas
se me aferraban a la pierna

insistiendo a la vez,
en todo momento,
con la mano abierta
una moneda.

Ciertamente,
no debe haber días
en aquel lugar porque,
al día siguiente,
aquellas criaturas continuaban allí,
vistiendo las mismas ropas
que para mí eran las del día anterior
y para ellos significaba
simplemente no andar desnudo.
Y con la misma ausencia de calzado,
con las mismas manos abiertas
y los mismos ojos
de miradas indefinibles
e indescriptibles,
imaginando otros días
inexistentes[7].

7. Poema traducido del original en lengua catalana.

México (2)

Sé de un territorio
que no es un solo territorio.
Podría añadir detalles
de su flora
o de su fauna,
o geográficos:
llanuras, volcanes, peñascos…
Ilustrarlo, pintarlo,
describirlo con poemas,
pero sería una parafasia
porque no acertaría.
Se podría decir, por ejemplo,
que es un territorio preñado
de decenas de territorios;
porque en realidad,
están todos como hermanados.
Todo ello,
un Universo donde se ha creado
aquello que parece creíble
y aquello que realmente lo es.
A través del tiempo
se ha ido generando la vida
por todos los rincones
incluso en desiertos y sequerales,
allá donde quizá
no se ven flores ni animales

se pueden ver «coyotes»
y caminantes.
En algunos de estos territorios
ha vivido gente de todo tipo,
nos ha dejado su cultura,
su arte,
los bienes colectivos
y los sueños, de los cuales
traían el morral lleno.

En ese lugar diverso,
total y absoluto,
se mueven miles de cuerpos,
figuras peculiares e insólitas
donde unos se encuentran y combinan
y otros lloran y emigran
dando vueltas por una
indeterminada ruta, la que,
finalmente, los regresa
al punto de partida.

Se de un territorio
que no es un solo territorio.
Es un cosmos
de mojiganga, de luz, de color…,
de ausencia,
de lamentos y penas,
de risas y sonrisas,
de selvas y trenzas,
de mares y océanos y
una sola luna llena.

En los ojos de cada cual
reside la luz que ilumina
su propia historia,
la que termina
como todas,
mimando el sol
para que sigan brillando
los magueyes y el tequila
de ese territorio
colmado de territorios.
Tal es el gozo,
tal la ventura,
que estos mortales
se pasean por la estancia
del brazo de la Catrina
vestida de fiesta
para celebrar la vida que viene
después de la vida que se va
en el mundo mexica[8].

---

8. Poema traducido del original en lengua catalana.

La orquesta
(A la Guelaguetza)

El silencio
se apoderó totalmente
del espacio del auditorio.
Los dolidos,
los dañados de amor
y músicos
e instrumentos,
esperaban
los movimientos
y las indicaciones
de las manos
y de la batuta
del director.
Aquella vez
no había partituras,
las notas que
se escucharían
estaban configuradas
en la memoria
de cada uno de
los integrantes
de la orquesta.
Esas notas,
iban a liberar los males,
las ansiedades
y los monstruos

alojados en mí.
La orquesta,
completamente empática
y cooperante,
así como lo acostumbró
la tradición
en las regiones oaxaqueñas,
se intuía firme y decidida
a contribuir,
traspasando
a través de ella
la música, la que
con toda la energía
provenía del suelo,
de la tierra.
Los músicos
eran uno solo,
como si fueran
otro director
reflejo del que
los iba a dirigir,
se sentían íntegramente
complementados,
mucho más unidos
que otras veces
porque la causa
que los incitó a reunirse
en aquel lugar
tenía una razón de peso.
Los violines y
los violonchelos,
aliados con dos

contrabajos existentes,
reclamaban cuerdas
de repuesto
mientras
los arcos calientes
intentarían transmitir,
endulzando
con vehemencia
la cólera comprimida
en músicos y dolientes,
así como
con baquetas y mazos,
los percusionistas
exacerbados
enfatizarían también
los momentos
que iban a acontecer.
En fin, todos y cada uno
de los componentes
del gran grupo:
trombones, trompetas,
clarinetes, saxofones…
iban a iniciar
la representación
sinfónica,
la más profunda,
de la Guelaguetza[9].

---

9. La Guelaguetza (del idioma zapoteco *guendalizaa*, «cooperar»), es una celebración popular en honor a la Vírgen del Carmen y que tiene lugar en la ciudad de Oaxaca de Juárez, capital del estado de Oaxaca, en el sur de México.

Sentir el conjunto
de esas composiciones,
era la manera natural
de interactuar
con mi espiritualidad.
El desamor,
perseguía
y carcomía mis entrañas,
las infrecuencias
del corazón
evidenciaban
el vacío existente,
solamente la orquesta
ejecutando
la sinfonía
de la Guelaguetza
tenía en sus manos
mi inanimada existencia.
Guelaguetza
es puro grito,
puro canto
de la tierra misma,
de las tierras queridas,
ese canto
que sana todas las heridas.

Perú (nana)

Na-na, na-na-na na-naaa,
nana, naná, na-naaá,

Na-na, na-na-na na-naaa,
nana, naná, na-naaá,

La pachamama te invita
a caminar descalza para escucharte,
durante el día quiere acompañarte
con tus pasos de cholita.

Na-na, na-na-na na-naaa,
nana, naná, na-naaá,

El sol celosito ya dormita
porque quiere saludarte,
dejar su luz y animarte
hasta que llegues a la ermita.

Na-na, na-na-na na-naaa,
nana, naná, na-naaá,

Duerme, duerme, princesa,
mañana verás la llamita
que te guarda las flores.

Duerme mientras la luna te besa,
mañana verás la llamita
que te guarda las flores.

Na-na, na-na-na na-naaa,
nana, naná, na-naaá

Me dijiste...

Me dijiste, muero por ti.
Y yo te digo, no mueras, ¡vive!
Vive, por mí.
Vive enteramente
para que también yo
pueda sentir tu vida como vive.
Deseo contagiarme de esa vida que emanas,
de esa vida de la cual traspasas,
sin pretenderlo,
palabras con besos
que yo recibo.
Quiero todo eso porque me di cuenta
que de todo eso no tenía
y me hacía falta
para completarme.
Y es que tú eres toda la vida.

Hace tiempo desaparecieron
todos los días y todas las noches
para esperar el día más largo
y la noche sin fin.
Solamente entonces nacerán de nuevo
los «buenos días», cada mañana
y las noches de luna con luz las madrugadas,
solamente entonces.
Cuando llenos todos mis vacíos
y mis sentidos se ocupen

de todo aquello por lo que nacieron,
solamente entonces,
se podrá vivir y nada más.

No me gustaba el mar...

No me gustaba el mar
más que la selva y las montañas,
hasta que te vi andar
por lo que me pareció sobre las olas
pero, no.
Era sobre las palmas
de un cúmulo de manos blancas
que surgían del agua
entre los rizos
y las crestas de las olas,
y te sostenían
y cuidaban tus pies
como de toda tú.

Ando en ti...

Ando en ti,
en tu atmósfera,
por el etéreo espacio
impreciso de tu áurea.
Quiero sentir que soy tú.
Deseo saber
cuál es la sensación
de progresar y estar
al mismo tiempo en ti.
Observar el movimiento
de mis labios,
los gestos de mis manos
o mis propios brazos
cuando, abiertos,
se apresuran a abrazarte
intentando vencer
la compacidad
del espacio tuyo.

Quisiera saber
como me adivinan tus ojos,
como censuran el deseo
de verme y tocarme.
¿Cuál es la densidad
de esa atmósfera?
Quiero comprender

el misterio de la ausencia
de palabras,
unas palabras
que ya no existen en mí
sino en ti
y que me traspasas
instantáneamente
cuando las necesito.

Mis palabras,
agotadas por intentar
llegar a destinos vacíos,
empiezan a brotar
de nuevo cuando llegas
a mi vocabulario
desde mi mente.
Tengo la necesidad de ti en mí
para no sentirme ausente.

El beso

A pesar de todos los besos
vividos en el camino,
los ganados por méritos propios,
los perdidos por méritos ajenos,
los desechados
por falta de esencia;
y a pesar de haber escuchado
quien sabe
cuantas sentencias de amor
y cuantas promesas de olvido
que todos los besos
traían consigo,
mi primer beso de amor
lo llevo siempre conmigo,
fiel referencia y testigo
de todas las aventuras
y de todos los otros
besos vividos.

Y no lo llevo
en la mano porque
eso no es posible,
tampoco en la mente
porque no es un recuerdo.
Lo llevo en la boca,
simplemente,
porque cuando se dio,
se quedó ahí.

El paladar y las mejillas
y, por supuesto, la lengua
quedaron impregnados
de la naturaleza del beso,
de la misma forma
que hubiera sido
depositado en el alma.

Así que,
desde aquel momento,
desde el mismo instante
en que se entregó,
aquel beso va conmigo
y ningún episodio vivido
ha podido desvanecer
el amor que trajo consigo.
Me acompaña
indiferente el tiempo,
hasta que otro beso
se revuelva,
se diluya
con la substancia
albergada en mí,
aunque siempre
quedará la duda
de si no fue
alguno de los besos perdidos
el que podía haberse
quedado en mí.

Llegaste del mar

Llegaste del mar,
bueno…,
creo que del mar
llega casi todo,
al revés del río.
El río va, se vacía y
desaparece.
Del mar viene la vida
así llegaste tú
y, de rebote,
me diste la mía.

Llegaste del mar
como si fueras
a pasear un domingo,
con tus ojos negros,
tu boca de entrega y
tu cabellera mojada
pegada a tu rostro y
a tu piel mulata
queriéndote envolver
con sus mechones
tentaculares.

Llegaste del mar
como de la nada
aparecen los monstruos

de las leyendas.
El modelado de tus pies,
aletas en el agua,
te estimulaban ahora
para acercarte a mí
porque mi vida
te esperaba
con el alma tendida.

Llegaste del mar
y vivimos por fin,
y nos amamos,
con la misma resistencia
de las rocas
cuando las besa el oleaje
y con la docilidad
de las playas
en el apareo con el agua.
Y bailamos
bajo todas las lunas
de las olas
que nos cortejaban.

He pensado…

He pensado seriamente
en lo que voy a decirte,
y es que…
o no lo encuentro
o no tuve pasado,
porque lo único
que se,
de lo único
que me acuerdo,
es que mi historia,
mi hoja de vida
empezó contigo.
Nada me viene a la mente
que pueda evocar
y mucho menos
que tenga que ver
con alguien
a quien pudiera
haber amado,
porque el amor de mi vida,
el que llevo conmigo
y nació de mí,
es el que me sirve
para poderte amar a ti.
Podría reconocer
que mi pasado

es el que me regaló la vida
y con ella
la capacidad
de poderte amar.
Así que nadie
se desquite conmigo
de lo que pudieron
hacer contigo
porque yo
aún no había nacido.

Índice

Esta
PRIMERA
EDICIÓN DE *Versos*
para América Latina, DE
JOAN BOSCH I PLANAS, HA
SIDO IMPRESA CON PAPEL AHUE-
SADO, DE 80 GRAMOS. SE HA
UTILIZADO LA TIPOGRAFÍA GA-
RAMOND PRO. Y SE TERMINÓ
DE IMPRIMIR EN REPROGRÁ-
FICAS MALPE, EN EL MES
DE ABRIL DEL AÑO
2024.